BEI GRIN MACHT SICH IHR WISSEN BEZAHLT

- Wir veröffentlichen Ihre Hausarbeit,
  Bachelor- und Masterarbeit

- Ihr eigenes eBook und Buch -
  weltweit in allen wichtigen Shops

- Verdienen Sie an jedem Verkauf

Jetzt bei www.GRIN.com hochladen
und kostenlos publizieren

GRIN

Andre Budke

Staatszerfallskriege im Zeitalter der wirtschaftlichen Globalisierung

GRIN Verlag

Bibliografische Information der Deutschen Nationalbibliothek:

Die Deutsche Bibliothek verzeichnet diese Publikation in der Deutschen National-
bibliografie; detaillierte bibliografische Daten sind im Internet über http://dnb.d-
nb.de/ abrufbar.

Impressum:

Copyright © 2003 GRIN Verlag GmbH
Druck und Bindung: Books on Demand GmbH, Norderstedt Germany
ISBN: 978-3-638-91202-0

Dieses Buch bei GRIN:

http://www.grin.com/de/e-book/84372/staatszerfallskriege-im-zeitalter-der-wirt-
schaftlichen-globalisierung

GRIN - Your knowledge has value

Der GRIN Verlag publiziert seit 1998 wissenschaftliche Arbeiten von Studenten, Hochschullehrern und anderen Akademikern als eBook und gedrucktes Buch. Die Verlagswebsite www.grin.com ist die ideale Plattform zur Veröffentlichung von Hausarbeiten, Abschlussarbeiten, wissenschaftlichen Aufsätzen, Dissertationen und Fachbüchern.

Besuchen Sie uns im Internet:

http://www.grin.com/

http://www.facebook.com/grincom

http://www.twitter.com/grin_com

Universität Osnabrück

Sommersemester 2003

Veranstaltung: Neoliberalismus und Globalisierung II

Thema der Hausarbeit:

Staatszerfallskriege im Zeitalter der wirtschaftlichen Globalisierung

Vorgelegt von:

Andre Budke

Fachrichtung: Magister

Politik, Geschichte

4. Semester

Inhaltsverzeichnis

Einleitung 3

1 Bürgerkriege der letzten Jahre 3
1.1 Fallbeispiel Liberia 3
1.2 Fallbeispiel Angola 5
1.3 Schlussfolgerung 6

2. Struktur der „neuen Kriege" 6
2.1 Wer hat ein Interesse an Bürgerkriegen? 6
2.2 Vorbedingungen für das Entstehen von Warlords und Kriegsökonomien 8
2.3 Was ist ein Warlord? 8
2.4 Soziale Struktur von Rebellengruppen 10
2.5 Kindersoldaten 11
2.6 Neue Kriegsführung 13

3. Gesellschaftliche Folgen..14

4. Wirtschaftliche Globalisierung und die Finanzierung von Bürgerkriegen...........15

Zusammenfassung 17

Literaturverzeichnis 18

Einleitung

In den letzten Jahren gab es eine Vielzahl von Konflikten innerhalb von zerfallenden Entwicklungsländern. Der Konflikt in Liberia ist hier nur eines von vielen Beispielen. In dieser Arbeit soll untersucht werden, welche Struktur diese Staatszerfallskriege haben und welchen Einfluss die neoliberale Globalisierung auf die Entstehung und den Verlauf von Bürgerkriegen und Genoziden hat.

1 Bürgerkriege der letzten Jahre

1.1 Fallbeispiel Liberia

Charles Taylor, Warlord, Händler von Edelhölzern und Edelsteinen, wurde Präsident Liberias nachdem sein Amtsvorgänger Doe 1990 vor laufenden Kameras gefoltert und ermordete worden war. Seitdem ist Liberia nicht mehr zur Ruhe gekommen. Etwa 200.000 Menschen sollen allein in den neunziger Jahren in Kämpfen getötet worden sein[1]. Heute ist Liberia „...so verkommen, dass es nicht einmal auf dem Entwicklungsindex der UNO auftaucht."[2]. Zudem wurde die Region destabilisiert. „Un panel de investigación concluyó en diciembre de 2000 que el Gobierno de Taylor estaba contribuyendo a la prolongación de la guerra civil sierraleonesa..."[3]. Trotzdem wurde erst 2003 verstärkt Druck auf Taylor ausgeübt, sein Amt preiszugeben.

Besonders auf die Unterstützung der USA wird in Liberia gehofft. Diese haben ein besonderes Verhältnis zu Liberia, wurde dieses doch als Staat ehemaliger Sklaven 1847 gegründet. „Liberia war mehr als ein Jahrhundert lang ein inoffizielles Bundesland der USA. Flagge, Sprache, Namen, Benehmen – alles wurde vom großen Bruder jenseits des Atlantiks kopiert. Und was manchen Afrikaner, der von der Renaissance und Eigenständigkeit des Kontinents träumt, wurmt: Eineinhalb Jahrhunderte später wünschen sich die Liberianer wohl nichts sehnlicher als die Rückkehr zu jenen Zeiten, als Washington sie beschützte und das Land als „Firestone - Country" galt."[4]. Zudem

---

[1] Vgl: Christina Otten/Dominik Baur: Bürgerkrieg in Liberia. Selbst Mörder setzen auf Bush, 28.07.2003, www.spiegel.de.
[2] Thomas Knemeyer: Ihr habt unsere Mütter getötet, wir eure Väter. Liberias neuer Präsident ruft Rebellen zur Versöhnung auf – Kampfhandlungen beendet – Helfer versuchen, ihre Arbeit aufzunehmen, 13.08.2003, www.welt.de.
[3] Fundació Cidob: Biografías de Líderes Políticos CIDOB: Charles Taylor (Liberia), 10.07.2001, www.cidob.org.
[4] Thomas Knemeyer: Ihr habt unsere Mütter getötet, wir eure Väter. Liberias neuer Präsident ruft Rebellen zur Versöhnung auf – Kampfhandlungen beendet – Helfer versuchen, ihre Arbeit aufzunehmen, 13.08.2003, www.welt.de.

4

würde eine erfolgreiche Einflussnahme der USA in Liberia das Verhältnis zu den Vereinten Nationen, das wegen des Irakkrieges angespannt ist, beruhigen.

Am 14.08. landeten die ersten 120 amerikanischen Marines und übernahmen den Schutz des Flughafen außerhalb von Monrovia. Auffällig ist, dass die amerikanischen Soldaten nicht selbst für Frieden sorgen sollen, sondern mit einem Kontingent von 200 Mann die westafrikanische Eingreiftruppe ECOMIL unterstützen sollen. Der sonst oft beobachtete Führungsanspruch der Vereinigten Staaten auch und gerade in militärischen Angelegenheiten ist hier bisher nicht zu beobachten.

Das Problem ist die Regelung der Nachfolge Taylors. Mehrere Kandidaten erhoben bisher Ansprüche auf die Präsidentschaft.

So zum Beispiel Yormie Johnson, der den vorherigen Präsidenten Doe ermordete, sich dann jedoch mit Taylor überwarf und ins Exil nach Nigeria ging, wo er evangelischer Prediger wurde.

Oder Roosevelt Johnson, ein Kriegsherr, der sich 1996 in Monrovia mit Taylors Truppen Gefechte lieferte, bei denen mehrere tausend Zivilisten zu Tode kamen, will jetzt „die Demokratie nach Liberia bringen."[5].

Hinzu kommen weitere Rebellenführer, wie Alhaji Kromah, Exilant in den USA, der für die LURD (Liberians United for Reconciliation and Democracy), die einen Großteil des Landes kontrolliert, bereits an Friedensgesprächen teilnahm.

Oder Senator Charles W. Brumskine, ein anfänglicher Unterstützer und späterer Kritiker des Taylor – Regimes, der ins Exil gehen musste.

Bei den Verhandlungen über Liberias Zukunft im ghanaischen Accra wurde nun Moses Blah ausgewählt, zwei Monate lang interimistisch das Land zu führen. Der bisherige Vizepräsident macht den Eindruck eines professionellen und seriösen Politikers[6], jedoch war er nicht nur durch sein Amt an den blutigen Konflikten in Liberia und Sierra Leone beteiligt. Er diente hier als Sonderbeauftragter des Präsidenten und Generalinspekteur der NPFL – Truppen.

---

[5] Christina Otten/Dominik Baur: Bürgerkrieg in Liberia. Selbst Mörder setzen auf Bush, 28.07.2003, www.spiegel.de.
[6] Zurückhaltend, professionell – und undurchsichtig, 13.08.2003, www.welt.de: „Auf den ersten Blick macht Blah, der Ende der sechziger Jahre zeitweilig in Hamburg studierte und noch immer passabel Deutsch spricht, sogar einen überraschend guten Eindruck. Er ist zurückhaltend geblieben, sitzt gern selbst am Steuer seines Allradwagens und meidet generell den großen Auftritt. Bevor er im Juni 2000 zum Vizepräsidenten ernannt wurde, war er liberianischer Botschafter in Tripoli und Tunis.".

1.2 Fallbeispiel Angola

Länger als 10 Jahre dauerte der Unabhängigkeitskampf gegen die portugiesischen Herren. Als Portugal 1974 unabhängig wurde, ging der Kampf allerdings weiter. Die UNITA (Nationalunion für die volle Unabhängigkeit Angolas) kämpfte gegen die MPLA – Regierung (Volksbewegung für die Befreiung Angolas). Angola erlebte einen „klassischen" Stellvertreterkrieg; die MPLA wurde von der Sowjetunion und Kuba, die UNITA von den Vereinigten Staaten und Südafrika unterstützt. Im September wurden während eines Waffenstillstandes die ersten freien Wahlen abgehalten, die von der UNITA allerdings wegen ihres schlechten Abschneidens nicht anerkannt wurden. Im November 1994 wurde ein Waffenstillstand ausgehandelt, der die Auflösung der Rebellentruppen und Beteiligung der UNITA an der Regierung beinhaltete. 1998 wurde der Waffenstillstand seitens der UNITA aufgekündigt, woraufhin es innerhalb der Gruppe zu Kritik an der Führung Savimbis kam. „Since September 1999, the Angolan government has made a series of military victories and taken control of 92% of the country at present."[7]. Der größte Erfolg der Regierungstruppen bestand jedoch darin, dass es gelang Savimbi 2002 in einem Hinterhalt zu töten und die Kommandostruktur der UNITA dadurch zu stören. Der Friede im Land ist allerdings sehr zerbrechlich; die UNITA will sich nach eigenen Angaben als Oppositionspartei etablieren, hat aber erhebliche Startschwierigkeiten. Auch die etwa 110.000 ehemaligen Kämpfer der UNITA [8] stellen ein erhebliches Gefahrenpotential dar.

Der Bürgerkrieg hat etwa 1 Million Tote gefordert, 11 Millionen sind auf der Flucht. Heute leben 65% der Bevölkerung in Armut[9]. „Gleichzeitig ist Angola wegen seiner Bodenschätze das viertreichste Land der Welt."[10]. Gerade diese Bodenschätze ermöglichten es, die Kämpfe über Dekaden fortzusetzen. Ein Beispiel: „Zwischen 1992 und 1998 erzielte die UNITA Gewinne von mindestens 3,7 Milliarden US - $ aus Diamantenverkäufen. Die Verkäufe auf Märkten in Europa bilden das Rückgrat der Kriegsfinanzierung der UNITA."[11].

---

[7] Ministry of Foreign Affairs of the PRC: Angola Question, www.fmprc.gov.cn.
[8] Vgl: Zoe Eisenstein: Angola´s UNITA focuses on future, 23.02.2003, www.reliefweb.int.
[9] Vgl: Anne Jung: Diamanten und Öl. Hintergründe des Bürgerkriegs in Angola, www.uni-kassel.de.
[10] Anne Jung: Diamanten und Öl. Hintergründe des Bürgerkriegs in Angola, www.uni-kassel.de.
[11] Anne Jung: Diamanten und Öl. Hintergründe des Bürgerkriegs in Angola, www.uni-kassel.de.

1.3 Schlussfolgerung

Beide Fallbeispiele zeigen einige Auffälligkeiten der neuen Kriege auf.

Die Kriege überdauern zum Teil über Jahrzehnte; während das Land ausblutet, scheint das Kriegskapital durch die Ausbeutung von lokalen Ressourcen dauerhaft zur Verfügung zu stehen.

Die Bürgerkriege werden nicht durch Verhandlungen innerhalb des Landes, zwischen den Kriegsparteien, beendet, sondern durch die Zerstörung der gegnerischen Kommandostruktur (wie im Fall Angolas durch den Tod Savimbis) oder durch Intervention von außen.

Zurück bleibt eine militarisierte und fraktionierte Gesellschaft, was den Aufbau einer stabilen politischen Ordnung erschwert.

Nach dem Ende der Kämpfe müssen viele Güter importiert werden, um das Überleben der Zivilbevölkerung zu gewährleisten (Lebensmittel, Medikamente, etc.).

Auch die staatliche Ordnung muss oft importiert werden, dies führt faktisch zur Abhängigkeit von anderen Staaten und damit gegebenenfalls zu neokolonialen Strukturen.

2. Struktur der „neuen Kriege"

2.1 Wer hat ein Interesse an Bürgerkriegen?

In den meisten Bürgerkriegen geht es den Kriegsführenden Parteien in ihren offiziellen Verlautbarungen um politische Ziele (beispielsweise die Beseitigung eines politischen Regimes), wenn nicht politisch, so wird der Kampf als religiös oder ethnisch begründet dargestellt. Diese Gründe sind jedoch vorgeschoben und dienen allenfalls dazu, eine größere emotionale Mobilisierung von Bevölkerungsgruppen zu erreichen und damit die Rekrutierung von Kämpfern zu vereinfachen. Das oberste Ziel der Warlords ist es jedoch, Zugang zu Ressourcen und damit wirtschaftliche Macht zu erlangen. „Die maßlose Gewalt in Afrika zielt auf Öl, Diamanten, Gold, Coltan, Edelhölzer. Die Gewaltzone reicht von Sudan (Öl) über lukrative Regionen Westafrikas wie Sierra Leone (Diamanten), die Demokratische Republik Kongo (Diamanten, Gold, Coltan, Uran) bis in den Süden."[12]. Zudem besteht immer die Gefahr, dass die Existenz von

---

[12] Kols, Brigitte: Die Kriege der Warlords. Lokale Truppenführer ersetzen in Afrika häufig den kollabierten Staat – das Zeichen einer Ökonomie, die vom Konflikt lebt, Frankfurter Rundschau, 21.10.2002; in: www.madagasikara.de/2octdeu/02102frwarlords.htm

Unruhen in einem Staat die innere Sicherheit der Anrainerstaaten gefährdet. Da „schwarze Löcher der Rechtlosigkeit"[13] die Tendenz haben sich auszubreiten sind auch Friedenshoffnungen (wie etwa nach dem Tod von Unita-Führer Savimbi) oft nicht von langer Dauer, denn: „Rechtlosigkeit, Terror und Chaos bieten ideale „Produktionsbedingungen" für das, was Experten eine „neue Kriegsökonomie" nennen."[14].

Eine weitere bedeutende Interessengruppe sind ausländische Investoren oder Personen und Gruppen, die unter dieser Bezeichnung firmieren. So versuchen vermehrt Mitglieder des organisierten Verbrechens und zweifelhafte Unternehmer, in Krisengebieten Geld zu waschen oder zu verdienen. Ein Beispiel: In Liberia taten sich enge Vertraute des Präsidenten Taylor mit Niko Shefer und Felix Kramer zusammen, „two South African businessmen with questionable business history"[15]. Nach Liberia gebracht wurden sie als Mitarbeiter der Greater Ministries International, einer Organisation, die die Verteilung von Hilfsgütern organisieren sollte. Ausgestattet mit Steuer- und Zollprivilegien, die sonst nur Hilfsorganisationen zu Gute kommen, machte sich die Greater Ministries International auf nach Lower Lofa und Sinje, „two places that form the heart of Liberia´s Diamond Country. Though the promised relief supplies for Liberians never arrived, this group boldly took in heavy earth moving equipment and more than 3,000 pieces of shovel in Sinje and started exploring for Diamonds without registering as an official Business in Liberia."[16]. Nachdem das Ministerium für Innere Sicherheit eine Untersuchung angestrengt hatte, benannte sich die Organisation in Greater Diamond International, Ltd., um. Durch den Einsatz von Minister Dunbar (Minister of Lands, Mines & Energy) kam der Firma auch weiterhin der Duty Free/Tax exempt status zu Gute.

Es wird ein „general trend of so-called „foreign investors" in post-civil war Liberia appears to have connections with organized crime in Europe and around the world."[17]. So wird etwa in einem Dokument der italienischen Regierung der Aufenthalt einer „extrem gefährlichen" Person namens Colombo moniert, der „is allegedly in the gun-smuggling and gun-running enterprise with a disreputable Dutch businessman and Charles Taylor´s associate from the war, Gus Kouwenhoeven, who for years during the

[13] Ebd.
[14] Ebd.
[15] The Liberian Democratic Future: In Taylor´s Liberia, thieves are thriving and so is corruption, 28.09.1998, in:www.theperspective.org/thieves.htm
[16] Ebd.
[17] Ebd.

war, was known to bet he main source of weapons to Taylor´s NPFL. Many Italian observers view Colombo´s presence in Liberia as a signal that the Mafia might have made inroads into Liberia as part of a general effort to expand in Africa."[18].

2.2 Vorbedingungen für das Entstehen von Warlords und Kriegsökonomien

Es gibt drei verschiedene mögliche Ausgangsszenarien für das Entstehen von Warlords: Fall A: Politische Strukturen und Ideologien zerfallen, der Staat verliert sein Gewaltmonopol und es gibt eine Entwicklung zur alltäglichen Präsenz von Gewalt.

Fall B: Es gibt in Politik und Wirtschaft konkurrierende Klientelgruppen, die innerhalb stark verfestigt sind. Durch die Verknappung von Ressourcen werden Strategien der Gewaltanwendung eingesetzt.

Fall C: Externe Machtgruppen haben ein Interesse an der Ausbeutung lokaler Ressourcen und fördern deshalb die Existenz von Räumen ohne Gewaltmonopol.

Typisch ist die patriacharlische Organisation. Der Warlord wirkt als Integrationsfigur durch ein auf Macht- und Gewaltkonzepten beruhenden Charismas. Die Rekrutierung von Kämpfern läuft oft zwangsweise ab; häufig ist der Einsatz von so genannten Kindersoldaten. Frauen werden zur Beute degradiert.

Die oft übertrieben wirkende Gewaltanwendung durch die Privatarmeen hat mehrere Gründe. Zum Einen sind die Kämpfer oft durch Drogenkonsum aufgeputscht. Zum Andern soll der Einsatz von schockierender Gewalt die Zivilbevölkerung einschüchtern. Darüber hinaus wird die Gewalt oft kultisch überhöht.

2.3 Was ist ein Warlord?

Wenn von Bürgerkriegen und Genoziden in Afrika die Rede ist, fällt oft das Stichwort des „Warlords". Was aber macht die Position eines Warlords in der so genannten neuen Kriegsökonomie aus?

Die Rolle eines Warlords geht über die eines bloßen Kriegsgewinnlers heraus. Kriegsgewinnler schlagen Profit aus dem Vorhandensein von bewaffneten Auseinandersetzungen, das heißt sie liefern Waffen und kriegswichtiges Material an die Kriegsparteien, sind aber über diese Dienstleistung hinaus nicht am Krieg beteiligt.

Ein Warlord ist auch nicht mit einem Heerführer oder Rebellenführer kongruent, denn einem dann wäre die erste Priorität, den Feind (zum Beispiel ein missliebiges Regime) militärisch zu schlagen und dadurch die eigene Herrschaft zu zementieren.

---

[18] Ebd.

Am nächsten kommt dem Warlord der Vergleich mit den italienischen Kondottierri der Frühen Neuzeit oder mit Albrecht Wallenstein. Denn hier wird eine neue Sicht des Krieges etabliert: Der Krieg als lohnendes Geschäft. War bei Wallenstein das Ausbluten des Landes noch ein Nebeneffekt der Kriegsökonomie, weil zur Senkung der eigenen Kosten die Losung „Der Krieg ernährt den Krieg" galt und daher privates Eigentum keinem Schutz mehr unterlag, ist bei den italienischen Söldnerführern der Krieg nur noch ein Geschäft.

Während die frühneuzeitliche Soldateska aber darauf angewiesen war, nach dem Ausplündern eines Landstriches weiter zu ziehen oder gezwungen war, den Krieg wegen Nichtfinanzierbarkeit aufzugeben, kennen heutige Warlords keine diesbezüglichen Hemmnisse. Natürlich blutet eine Region, in der sich Kriegsparteien Kämpfe liefern, immer noch aus, aber dies hat keinen großen Effekt auf die Kriegsökonomie und damit auch keinen bedeutenden Effekt auf die Finanzierbarkeit des Krieges. Denn die Wirtschaftsgüter, die ein Warlord kontrolliert, müssen nicht in derselben Region, in der sie produziert werden, verkauft werden. Durch die Möglichkeiten der wirtschaftlichen Globalisierung können diese Wirtschaftsgüter weltweit abgesetzt werden.

Dadurch, dass er im internationalen Markt agieren muss, ergeben sich gewisse Anforderungen an den Warlord. Er kann kein primitiver, blutrünstiger Wilder sein, wie dies oft dargestellt wird. „Angolas Unita-Chef Jonas Savimbi, der seine Rebellenarmee mit Diamantenhandel finanzierte, war Arzt. Charles Taylor, der Warlord und „Händler" mit Edelhölzern, Diamanten und Erzen, der zum Präsidenten Liberias mutierte, hat in den USA Ökonomie studiert. Der Somalier Mohammed Aidid, der die US-Soldaten bei der UN-Mission 1992/93 das Fürchten lehrte, war hoher Verwaltungsbeamter. Sohn Hussein, der heute die Geschäfte des Clans führt und Washington Operationsbasen im „Kampf gegen den Terror" anbot, war US-Staatsbürger und diente als Marine. Und unter den Rebellenchefs in Kongo sind Akademiker keine Ausnahme."[19].

Eine Typisierung eines Warlords könnte also folgendermaßen aussehen: Ein Warlord ist ein „...starker Mann mit Talent zu unterschiedlichen Rollen. Feldherr und Protektor, populistischer Manipulator und politischer Führer sowie nicht zuletzt Monopolunternehmer. Er versteht sich ebenso wie die amtierende politische Elite

---

[19] Ebd.

darauf, mit Rohstoffen zu handeln und die Waffen zu erwerben, die er benötigt, um den Krieg und in seinem Schatten seine Geschäfte betreiben zu können."[20].

2.4 Soziale Struktur von Rebellengruppen

Grundsätzlich lässt sich über Rebellengruppen / Kriegsherrentruppen sagen, dass sie aus einer absoluten Führungsperson, einem engen Kreis professioneller Kämpfer (als „Offiziere") und Zwangsrekrutierten (als „Mannschaftsränke") bestehen. Weil diese Gruppen nur aus Zwang zusammenhalten, sind sie äußerst instabil. „Die im Prinzip nicht ausgeschlossene Verwandlung von Warlordfigurationen in eine protostaatliche Herrschaft, aus der nach einiger Zeit eine leidlich stabile Staatlichkeit hervorgehen kann, scheitert meist daran, dass sich im Gefolge eines Warlords zu viele befinden, die sich ihren bisherigen Chef auch darin zum Vorbild nehmen, dass sie den von ihm eingeschlagenen Weg nun ihrerseits beschreiten wollen.[21]". Die Mobilisierung einer Gruppe ist also nicht allzu schwierig, aber die Kontrolle erweist sich als schwierig. Häufig ist der Einsatz von Gewalt gegen interne Widersacher. „Kriegsherren greifen darüber hinaus immer wieder auf lokale Konzepte von Macht und Herrschaft zurück und sind bemüht, ein Charisma zu konstruieren, dass ihnen außeralltägliche Qualitäten und übermenschliche Kräfte oder Eigenschaften zuschreibt.[22]". Es liegt also auch im eigenen Sicherheitsinteresse des Warlords, den Konflikt zumindest zu erhalten. Ein weiterer Versuch, Legitimität herzustellen, ist das Zurückgreifen auf rituellen Kannibalismus. So bezog sich Jonas Savimbi, der Führer der UNITA ausdrücklich auf traditionelle Machtkonzepte der Ovimbundu Zentralangolas: Gewalt als Mittel, um den politischen Erfolg zu garantieren. Darüber hinaus wird klar, dass sich die UNITA „bewusst mit der Aura des Antimodernistischen umgibt und über eine ausgeprägte Symbolsprache und die kultische Verwendung von Gewalt eine „Kultur des Terrors" etabliert.[23].

Die Gefolgschaft von Kriegsherren setzt sich zumeist aus entwurzelten Existenzen zusammen. „in den südsudanesischen Bewegungen sind Kriegsflüchtlinge stark

---

[20] Ebd.
[21] Herfried Münkler: Die neuen Kriege, Lizenzausgabe für die Bundeszentrale für politische Bildung, Hamburg 2002, Seite 142.
[22] Bollig, Michael: Zur Ökonomie des Krieges: Die Gewalt und die Geschäfte der afrikanischen Warlords. Über die soziale und politische Organisation von Kriegsherren – Gruppen, Frankfurter Rundschau, 09.01.2001; in: www.uni-kassel.de/fb10/frieden/themen/Privatkriege/kriegsherren/htm.
[23] Ebd.

beteiligt. Taylors NPFL setzte sich zunächst nur aus Verlierern des Doe-Regimes zusammen."[24].

Jedoch darf nicht außer Acht gelassen werden, dass die Mitgliedschaft in einem bewaffneten Verband Vorzüge besitzt. Der Lebensunterhalt wird gesichert. Man verlässt die Seite der Opfer und hat in einer militarisierten Gesellschaft Aussicht auf ein Mindestmaß an Reputation. Die Waffe hilft also, dass eigene Überleben zu sichern.

„Für junge Männer ist <Soldat sein> die beste Option gesellschaftlicher Partizipation, zudem sind die Überlebenschancen als Kämpfer [...] ungleich größer als im Chaos der vom Krieg paralysierten <Zivilgesellschaft>. Die Rolle, als so genannter Kindersoldat zu agieren, ist nicht nur verführerisch für entwurzelte Kinder, sie ist auch eine <rational choice>, um es einmal im Jargon ökonomistischer Betrachtungsweise auszudrücken."[25].

2.5 Kindersoldaten

Zentraler Bestandteil der neuen Kriege ist der Einsatz von so genannten Kindersoldaten. Ihr Einsatz birgt mehrere Vorteile. Sie sind billig zu unterhalten, meist bekommen sie keinen Sold, allenfalls Drogen verursachen Kosten. Zudem ist Jugendlichen oft nicht das Maß an Selbstschutz, dass Erwachsene an den Tag legen, zu Eigen. Auch sind heute die physischen Möglichkeiten gegeben, um Kinder an der Waffe einzusetzen. „Die automatischen Handfeuerwaffen sind heute leicht und kurz, ihre neuen Generationen ähneln immer mehr Spielzeugwaffen. Der alte Mauser-Karabiner war zu groß, zu schwer, zu lang für ein Kind. Ein kleines Kind hat zu kurze Arme, um den Abzug zu drücken, und auch die Zieleinrichtung ist für sein Auge nicht geeignet. Die moderne Waffe löst diese Probleme, überwindet diese Hindernisse. Ihre Maße sind hervorragend der Größe eines Jungen angepasst, und diese Waffen wirken eher in den Händen eines erwachsenen, kräftig gebauten Soldaten komisch und kindlich."[26].

Im Falle einer Intervention der UNO haben Kindersoldaten einen Vorteil: „Werden Warlords mit Friedenstruppen der Vereinten Nationen konfrontiert, so schicken sie mit Vorliebe Kindersoldaten vor, was die Blauhelme regelmäßig in arge Bedrängnis bringt:

---

[24] Ebd.
[25] Peter Lock: Privatisierung der Sicherheit im Spannungsfeld zunehmend gewaltoffener Räume und staatlichen Gewaltmonopols – Thesen zur sozialen Apartheid, in Österreichisches Zentrum für Konfliktlösung (Hg): Wie sicher ist Europa? , Münster 2001, S.65-78, hier Seite 75; zitiert in: Herfried Münkler: Die neuen Kriege, Lizenzausgabe für die Bundeszentrale für politische Bildung, Hamburg 2002, Seite137.
[26] Ryszard Kapuscínski: Afrikanisches Feuer, Frankfurt/Main 1999, Seite 149; in: Herfried Münkler: Die neuen Kriege, Lizenzausgabe für die Bundeszentrale für politische Bildung, Hamburg 2002, Seite 268.

Sie zögern, auf die bewaffneten Kinder das Feuer zu eröffnen, und kapitulieren eher, als dass sie sich auf Kampfhandlungen einlassen; als Geiseln besitzen sie dann einen beträchtlichen Wert bei Verhandlungen, in denen die Warlords ihre Macht zu festigen versuchen."[27]. Die Kindersoldaten sind zudem einfach zu rekrutieren. „Um diese Jugendlichen massenhaft in den Krieg zu führen, ist kein aufwendiger staatlicher Erfassungs- und Erzwingungsapparat vonnöten. Ihr weitgehender Ausschluss von den Erwerbsmöglichkeiten der Friedensökonomie, Hunger oder zumindest die soziale Perspektivlosigkeit unter Friedensbedingungen treibt sie den Kriegsparteien von selbst in die Arme."[28]. Ein Beispiel: „Vor den Rekrutierungsbüros der Allianz herrscht ein reger Andrang von Kindern und Jugendlichen, die sich freiwillig zum Kriegsdienst melden, weil dies die einzige Möglichkeit ist, Kleider und essen zu bekommen. Sie brennen darauf, sich dem Rebellenheer anzuschließen,…"[29]. Auch das Versprechen von Prestige und Anerkennung lockt Jugendliche in die Verbände. „Mit einem Gewehr in der Hand erfährt ein junger Mann erstmals in seinem Leben, dass man von anderen Menschen respektiert wird, auch wenn es schiere Angst ist, die als Respekt wahrgenommen wird. Gewalt mittels eines automatischen Gewehrs wird zum Mittel, sich gegen den sozialen Ausschluss zu wehren. Gewalt verheißt den Zugang zu der Welt des industriellen Massenkonsums, der man auch in den entfernten Winkeln der Welt medial ständig ausgesetzt ist."[30].

Typisch ist auch, dass die neue Macht genutzt wird, um vergangene Demütigungen zu rächen. Scholl-Latour zitiert einen Bericht von Human´s Rights Watch, „…wonach der Fall eines Jugendlichen als typisch anzusehen sei, der, nachdem er sich einer Kampfgruppe angeschlossen hatte, zunächst seinen früheren Lehrer, der ihn schlecht benotet, und danach seinen ehemaligen Arbeitgeber, der ihn schlecht bezahlt hatte, tötete. Anschließend vergewaltigte er die Mütter seiner früheren Freunde."[31]. Die vor dem Eintritt in die paramilitärischen Verbände erlebte Demütigung in Verbindung mit der plötzlich erhaltenen Macht führt zu Gewaltexzessen der vor ihrem Einsatz nicht disziplinierten Kindersoldaten, in denen sie ihre Allmachtsphantasien ausleben. Beispielhaft sind willkürliche Verstümmelungen von unbeteiligten Zivilisten, wie etwa

---

[27] Ebd., Seite 141.
[28] Herfried Münkler: Die neuen Kriege, Lizenzausgabe für die Bundeszentrale für politische Bildung, Hamburg 2002, Seite 138.
[29] Hans Christoph Buch: Blut im Schuh, Frankfurt/Main 2001, Seite 258; in: Herfried Münkler: Die neuen Kriege, Lizenzausgabe für die Bundeszentrale für politische Bildung, Hamburg 2002, Seite 268.
[30] Peter Lock: Privatisierung der Sicherheit, Seite 74; in: Herfried Münkler: Die neuen Kriege, Lizenzausgabe für die Bundeszentrale für politische Bildung, Hamburg 2002, Seite 138 f.
[31] Peter Scholl-Latour: Afrikanische Totenklage, München 2001, Seite 366; in: Herfried Münkler: Die neuen Kriege, Lizenzausgabe für die Bundeszentrale für politische Bildung, Hamburg 2002, Seite 269.

„... der Kindersoldaten der <Vereinigten Revolutionsfront> (RUF), [...] die im Drogen- und Alkoholrausch ihren Spaß darin fanden, völlig unbeteiligten Zivilisten mit ihren Buschmessern die Glieder abzuhacken."[32]. Ähnliches zeigen die Berichte der Eroberung Mazar-i-Sharifs durch die Taliban, denen ja eine religiös begründete Disziplin nachgesagt wurde. „Ein Taliban- Kommandant erklärte später, Mullah Omar habe ihnen die Erlaubnis gegeben, zwei Stunden lang zu morden – daraus wurden dann zwei Tage. Die Taliban verfielen in einen regelrechten Blutrausch, fuhren mit ihren Pick-ups die engen Straßen in Mazar auf und ab und feuerten auf alles, was sich bewegte – Ladenbesitzer, einkaufende Frauen, Kinder, Ziegen. Esel. Entgegen den Anordnungen des Islam, die ein unverzügliches Begräbnis vorschreiben, ließ man die Leichen auf den Straßen verrotten."[33]. „Es ist fraglich, ob solche Jugendliche sich jemals auch nur halbwegs wieder normal verhalten, etwa in die Schule gehen oder überhaupt ein alltägliches Leben führen können, zumal die wenigsten Zugang zu einer Therapie bekommen."[34].

2.6 Neue Kriegsführung

Seit der Frühen Neuzeit ist der Krieg in Europa und im Westen verstaatlicht. Gleichzeitig setzte ein Prozess der Professionalisierung und Disziplinierung der Soldaten ein, wodurch die Truppen an Schlagkraft gewannen, wodurch aber auch die Unterhaltskosten rasant stiegen. Zudem wurden durch die Entwicklung von schweren Waffen und ihre technische Vervollkommnung die Materialkosten auch immer höher. Die immensen Stückkosten führen dazu, dass es sich heute kein europäischer Staat mehr leisten kann – selbst wenn es militärisch sinnvoll wäre – Panzereinheiten, See- und Luftstreitkräfte im Umfang wie vor dem 2. Weltkrieg zu unterhalten. In Europa besteht also eine hohe ökonomische Schwelle, die vom Krieg führen abhält. Auch ist offensichtlich, dass sich die bestehenden Arsenale nur mit Hilfe von gesunden Volkswirtschaften unterhalten und vor allem technisch vervollkommnen lassen. Umso erstaunlicher erscheint es auf den ersten Blick, woher in den afrikanischen Bürgerkriegsgebieten das Kapital für die zum Teil jahrzehntelangen Konflikte herkommt. Um diese Frage zu beantworten, muss man sich die Struktur der

---

[32] Peter Scholl-Latour: Afrikanische Totenklage, München 2001, Seite 425; in: Herfried Münkler: Die neuen Kriege, Lizenzausgabe für die Bundeszentrale für politische Bildung, Hamburg 2002, Seite 139.
[33] Ahmed Raschid: Taliban. Afghanistans Gotteskrieger und der Dschihad, München 2001, Seite 138; in: Herfried Münkler: Die neuen Kriege, Lizenzausgabe für die Bundeszentrale für politische Bildung, Hamburg 2002, Seite 139 f.
[34] Thomas Knemeyer: Wenn aus Kindern Mörder werden, 08.08.2003, www.welt.de.

afrikanischen Kriege vergegenwärtigen. Dabei wird offensichtlich, dass diese „private" Kriegsführung im Gegensatz zur verstaatlichten Kriegsführung nicht kostenintensiv ist. Auf die Rekrutierung der Kämpfer und die Personalkosten ist schon in 2.6 eingegangen worden. Hierdurch entstehen nur geringe Kosten. Doch auch die Kriegsführung selbst ist sehr billig. Denn fast immer werden diese Konflikte nur mit leichten Waffen geführt und für den Truppentransport werden zivile Transportmittel (oft Pick-ups) eingesetzt. Für die hier anzutreffende Art der Kriegsführung, die zumeist eine Kombination von Scharmützeln und Massakern an der Zivilbevölkerung darstellt, sind leichte Waffen auch durchaus ausreichend. Auch wird es durch den Einsatz dieser Waffen, die relativ leicht zu bedienen sind und trotzdem – zum Beispiel bei automatischen Waffen durch ihre hohe Schussfrequenz – effektiv sind, möglich, ungeübte Kämpfer, etwa Kinder, einzusetzen, was die Kosten weiter senkt.

Gilt also für die verstaatlichte Form der Kriegsführung, dass sie immer teurer wird durch die eingeleiteten Prozesse der Professionalisierung, Disziplinierung und Technologisierung, so „sind die Milizen und Warlordverbände, mit denen die neuen Kriege geführt werden, deutlich billiger als die regulären Truppen früherer Jahrzehnte. Wahrscheinlich macht das die neuen Kriege so bedrohlich, wächst dadurch doch der Kreis derer, die sie zu führen in der Lage sind."[35].

3.   Gesellschaftliche Folgen

Durch die Militarisierung der Gesellschaft, die Verfügbarkeit von Waffen und die geringen Kosten der Kriegsführung ist es unwahrscheinlich, dass ein Bürgerkrieg einfach ausläuft. Und auch die Warlords haben an einer Umwandlung ihrer Gewaltherrschaft in eine staatliche Ordnung kein Interesse. „Mit dem Erlöschen des Krieges schwindet die charismatische Bindekraft des jeweiligen Warlords oder Guerillaführers, und die mit dem Friedensprozess verbundenen Enttäuschungen verschaffen denjenigen Anhänger und Unterstützung, die für die Weiterführung des Krieges eintreten."[36]. „Daher nehmen vorausschauende Warlords das für sie gefährliche Projekt einer friedlichen Konsolidierung ihrer Herrschaft nicht ernstlich in Angriff, und diejenigen, die es doch tun, fallen zumeist den Rebellionen der Jüngeren zum Opfer.

---

[35] Herfried Münkler: Die neuen Kriege, Lizenzausgabe für die Bundeszentrale für politische Bildung, Hamburg 2002, Seite 134.
[36] Herfried Münkler: Die neuen Kriege, Lizenzausgabe für die Bundeszentrale für politische Bildung, Hamburg 2002, Seite 142.

Gerade weil der Krieg so billig ist, sind die Kosten des Friedens so hoch."[37].

„Machiavellis berüchtigter Vorschlag, ein mit Glück und Gewalt an die Macht gekommener Herrscher müsse dem Vorbild des Cesare Borgia entsprechend seine Obristen und Hauptleute töten, hat darin seine Grundlage: in einer in mancher Hinsicht vergleichbaren Situation hat Machiavelli erkannt, dass der Weg imitativer Nachfolge versperrt sein muss, um zu einer Konsolidierung der Herrschaft zu gelangen."[38].

Staatsbildung als Folge von Bürgerkriegen ist also sehr unwahrscheinlich. Die neuen Kriege sind Staatszerfallskriege, sie erzeugen „...zerstörte Gesellschaften ohne tragfähige Zukunftsperspektive."[39]. Die Überlebensfähigkeit der Gesellschaft muss von außen sichergestellt werden. „Diese Gesellschaften sind nach einem solchen Krieg nicht nur auf den Import von Nahrungsmitteln und medizinischer Hilfe, sondern mindestens ebenso auf den von Staatlichkeit angewiesen, um die gesellschaftlichen Austauschverhältnisse wieder auf eine Ökonomie umzustellen, in der die Menschen mehr an der Friedens- als an der Kriegsdividende orientiert sind."[40]. Die Gefahr liegt hier darin, dass neokoloniale Strukturen geschaffen werden können. Denn natürlich ist eine äußere Macht, die den politischen und wirtschaftlichen Wiederaufbau eines Landes organisiert im besten Fall nicht frei von eigenen Werten, die es, da diese Werte als richtig und wichtig erachtet werden, versuchen wird, in das zerstörte fremde System zu implantieren; und im schlechtesten Fall werden durch die äußere Macht Strukturen geschaffen, die das neue System wirtschaftlich – und damit auch politisch – von der äußeren Macht abhängig machen, so dass eine Kolonisierung ohne Landnahme erfolgt.

4. Wirtschaftliche Globalisierung und die Finanzierung von Bürgerkriegen

„Das Kriegsherrentum baut auf einer Raubökonomie auf. Mit destruktiven Methoden der Aneignung werden der Bevölkerung ohne Rücksicht auf wirtschaftliche Konsequenzen Ressourcen entwendet. In den Kriegsherren - kontrollierten Räumen findet eine Kriminalisierung der Ökonomie statt. Illegale Formen der Produktion und des Abbaus schaffen neue wirtschaftliche Möglichkeiten. Dies liegt begründet in durch Gewalt erzwungenen ungleichen Tauschverhältnissen. In zwischenstaatlichen Kriegen gab es dies auch, jedoch zumeist nur in der Nachkriegszeit. Mit der Konsolidierung der

---

[37] Ebd.
[38] Herfried Münkler: Die neuen Kriege, Lizenzausgabe für die Bundeszentrale für politische Bildung, Hamburg 2002, Seite 269.
[39] Ebd., Seite 135.
[40] Ebd., Seite 135 f.

Volkswirtschaft verschwanden die Schwarzmärkte schnell wieder. In Bürgerkriegsgebieten aber wird die Gewalt zum bestimmenden Faktor des Tausches, so dass der „…Äquivalententausch durch erpresserischen Zwang oder offene Gewaltandrohung überlagert oder ersetzt wird."[41]. Anders ausgedrückt: „The Kalashnikov lifestyle is our business advantage."[42]. „Die politische Unordnung wird zum Zwecke ökonomischer Vorteile instrumentalisiert."[43].

Auch die technologischen Entwicklungsschübe, die europäische Kriege verursachten und die den Volkswirtschaften zu Gute kamen, gibt es hier nicht. Die neuen Kriege haben nur negative Effekte. „Sie hinterlassen verwüstete Landschaften, Generationen von Verstümmelten und eine soziale Anomie – keine guten Vorraussetzungen, um die auf lange Sicht angelegten Perspektiven zu gewinnen, die man für den Aufbau einer Friedensökonomie braucht."[44].

Die neoliberale Globalisierung ist nicht der Grund für Bürgerkriege. Durch die wirtschaftliche Öffnung eines Landes kann jedoch soziale Unruhe gefördert werden, vor allem in großen oder heterogenen Staaten, da es zum Beispiel fragwürdig sein kann, welche Gruppe von einer Weltmarktausrichtung einer Volkswirtschaft profitiert. Allgemein gilt jedoch die „…Grundthese, dass weltwirtschaftliche Integration das innenpolitische Konfliktrisiko mindert."[45]. Außenwirtschaftliche Öffnung hat in vielen Staaten zumindest langfristig positive Wirkungen gezeigt, jedoch gibt es auch Gegenbeispiele, wie etwa den Aufbau von Abhängigkeiten der Entwicklungsländer vom Weltmarkt durch monostrukturierte Volkswirtschaften.

Auch wenn man darüber streiten kann, welchen Einfluss die offizielle wirtschaftliche Globalisierung auf Bürgerkriegsökonomien hat, so ist unstrittig, dass der weltweite Schwarzmarkt, der im Zuge der Globalisierung entstanden ist, eine wichtige Finanzierungsbasis für Warlords darstellt. Denn die kontrollierten Landstriche werden wirtschaftlich ausgebeutet, da aber der Binnenmarkt im Zuge eines Bürgerkrieges

---

[41] Herfried Münkler: Die neuen Kriege, Lizenzausgabe für die Bundeszentrale für politische Bildung, Hamburg 2002, Seite 136.
[42] Bollig, Michael: Zur Ökonomie des Krieges: Die Gewalt und die Geschäfte der afrikanischen Warlords. Über die soziale und politische Organisation von Kriegsherren – Gruppen, Frankfurter Rundschau, 09.01.2001; in: www.uni-kassel.de/fb10/frieden/themen/Privatkriege/kriegsherren/htm.
[43] Bollig, Michael: Zur Ökonomie des Krieges: Die Gewalt und die Geschäfte der afrikanischen Warlords. Über die soziale und politische Organisation von Kriegsherren – Gruppen, Frankfurter Rundschau, 09.01.2001; in: www.uni-kassel.de/fb10/frieden/themen/Privatkriege/kriegsherren/htm.
[44] Herfried Münkler: Die neuen Kriege, Lizenzausgabe für die Bundeszentrale für politische Bildung, Hamburg 2002, Seite 135.
[45] Margit Bussmann/Harald Scheuthle/Gerald Schneider: Die „Friedensdividende" der Globalisierung. Außenwirtschaftliche Öffnung und innenpolitische Stabilität in den Entwicklungsländern, www.uni-konstanz.de.

zusammenbricht, müssen die Produkte im Ausland abgesetzt werden. „Eine lange Kette von Akteuren, Hehlern, Geldwäschern und sonstigen Profiteuren in verschiedenen Ländern interagie dabei, um Waren und Dienstleistungen in die regulären Sphären der globalen Märkte einzuschleusen"[46]. Die Gewinner dieser neuen Kriegsökonomie sind „...transnationale Konzerne, korrupte Regierungen, Nachbarstaaten, Warlords, private Söldnerfirmen und die Eliten der jeweiligen Länder..."[47]. Und eine Kontrolle oder eine Zerstörung dieser Geldquellen dürfte unmöglich sein, solange es eine Nachfrage gibt.

„Wer auch immer Millionär ist, wer auch immer einer Frau einen Ring an den Finger stecken möchte, wer das Geld dafür hat, der bekommt Diamanten, das ist das Prinzip."[48].

Zusammenfassung

Seit dem Zusammenbruch des Ostblocks und dem darauf folgenden Ende der Afrikapolitik der beiden Supermächte haben sich die Konfliktmuster in Afrika verändert. Die Anzahl interner Konflikte hat zugenommen, in vielen Staaten südlich der Sahara ist das Gewaltmonopol des Staates angesichts von privaten Söldnertruppen, Stammesmilizen und Rebellentruppen zumindest in Frage gestellt. Zu dieser Militarisierung ganzer Bevölkerungsgruppen hat sicher auch beigetragen, dass leichte Waffen aus den Arsenalen des ehemaligen Ostblocks zum Teil unter dem Selbstkostenpreis verkauft, so dass die Aufstellung von bewaffneten Verbänden sehr billig ist, wie auch ihr Unterhalt, da inTruppen von Kriegsherren nur der Führungskreis wirklich bezahlt werden muss und ein Gros der Kämpfer aus gepressten Männern und Kindern besteht, die nach dem Beuteprinzip bezahlt werden. Wenn ganze Regionen in Barbarei versinken, kann die Beendigung eines Konfliktes meist nur von außen erzwungen werden. Jedoch gibt es nur eine kleine Anzahl interventionsfähiger und interventionsbereiter Staaten, so dass sich in den letzten Jahren einige Konflikte ungehindert ausbreiten konnten. Die wirtschaftliche Globalisierung ist in Bezug auf die neuen Kriege zwar nicht der Anlass, wohl aber der Katalysator, denn vor allem die Globalisierung des Schwarzmarkts bietet die Möglichkeiten, um jahrzehntelange Kriege finanzieren zu können.

---

[46] Herfried Münkler: Die neuen Kriege, Lizenzausgabe für die Bundeszentrale für politische Bildung, Hamburg 2002, Seite 135.
[47] The Liberian Democratic Future: In Taylor's Liberia, thieves are thriving and so is corruption, 28.09.1998, in:www.theperspective.org/thieves.htm
[48] Alcides Sakala, zitiert in: Anne Jung: Diamanten und Öl. Hintergründe des Bürgerkriegs in Angola, www.uni-kassel.de.

Literaturverzeichnis

Herfried Münkler: Die neuen Kriege, Lizenzausgabe für die Bundeszentrale für politische Bildung, Hamburg 2002.

Internetquellen:
Bollig, Michael: Zur Ökonomie des Krieges: Die Gewalt und die Geschäfte der afrikanischen Warlords. Über die soziale und politische Organisation von Kriegsherren – Gruppen, Frankfurter Rundschau, 09.01.2001; in: www.uni-kassel.de/fb10/frieden/themen/Privatkriege/kriegsherren/htm.

Margit Bussmann/Harald Scheuthle/Gerald Schneider: Die „Friedensdividende" der Globalisierung. Außenwirtschaftliche Öffnung und innenpolitische Stabilität in den Entwicklungsländern, www.uni-konstanz.de.

Zoe Eisenstein: Angola´s UNITA focuses on future, 23.02.2003, www.reliefweb.int.

Anne Jung: Diamanten und Öl. Hintergründe des Bürgerkriegs in Angola, www.uni-kassel.de

Thomas Knemeyer: Wenn aus Kindern Mörder werden, 08.08.2003, www.welt.de.

Thomas Knemeyer: Ihr habt unsere Mütter getötet, wir eure Väter. Liberias neuer Präsident ruft Rebellen zur Versöhnung auf – Kampfhandlungen beendet – Helfer versuchen, ihre Arbeit aufzunehmen, 13.08.2003, www.welt.de.

Kols, Brigitte: Die Kriege der Warlords. Lokale Truppenführer ersetzen in Afrika häufig den kollabierten Staat – das Zeichen einer Ökonomie, die vom Konflikt lebt, Frankfurter Rundschau, 21.10.2002; in: www.madagasikara.de/2octdeu/02102frwarlords.htm

Christina Otten/Dominik Baur: Bürgerkrieg in Liberia. Selbst Mörder setzen auf Bush, 28.07.2003, www.spiegel.de.

Alcides Sakala, zitiert in: Anne Jung: Diamanten und Öl. Hintergründe des Bürgerkriegs in Angola, www.uni-kassel.de.

The Liberian Democratic Future: In Taylor´s Liberia, thieves are thriving and so is corruption, 28.09.1998, in:www.theperspective.org/thieves.htm

Ministry of Foreign Affairs of the PRC: Angola Question, www.fmprc.gov.cn.

Zurückhaltend, professionell – und undurchsichtig, 13.08.2003, www.welt.de.

Fundació Cidob: Biografías de Líderes Políticos CIDOB: Charles Taylor (Liberia), 10.07.2001, www.cidob.org.